Anita Rückert

Europäisches Antidiskriminierungsrecht und die U

Deutschland und Polen im Vergleich

C000219536

Anita Rückert

Europäisches Antidiskriminierungsrecht und die Umsetzung in Nationales Recht

Deutschland und Polen im Vergleich

GRIN Verlag

Bibliografische Information der Deutschen Nationalbibliothek: Die Deutsche Bibliothek verzeichnet diese Publikation in der Deutschen Nationalbibliografie; detaillierte bibliografische Daten sind im Internet über http://dnb.d-nb.de/ abrufbar.

1. Auflage 2009
Copyright © 2009 GRIN Verlag
http://www.grin.com/
Druck und Bindung: Books on Demand GmbH, Norderstedt Germany
ISBN 978-3-640-39805-8

Universität Hamburg

Fakultät Wirtschafts-/Sozialwissenschaften

Ausarbeitung Referat vom 20.11.2008

Kurs: Gender Policy in der EU und im Völkerrecht

Europäisches Antidiskriminierungsrecht und die Umsetzung in Nationales Recht

- Im Vergleich Deutschland und Polen -

Anita Rückert

Wintersemester 08/09

Inhaltsverzeichnis

Abkürzungsverzeichnis

Abs.	Absatz
ADS	Antidiskriminierungsstelle
AGG	Allgemeines Gleichbehandlungsgesetz
ArbGB	Arbeitsgesetzbuch
Art.	Artikel
BGB	Bürgerliches Gesetzbuch
djbZ	Zeitschrift des deutschen Juristinnenbundes
Ebd.	ebenda
EG	Europäische Gemeinschaft
EGV	Vertrag zur Gründung der Europäischen Gemeinschaft
EU	Europäische Union
EWG	Europäische Wirtschaftsgemeinschaft
f.	folgende
ff.	fortfolgende
gem.	gemäß
i. S. d.	im Sinne des
Nr.	Nummer
RL	Richtlinie
Rn.	Randnummer
S.	Seite
SGB	Sozialgesetzbuch
u. a.	unter anderem
z. B.	zum Beispiel

1. Einleitung

Die Europäische Union ist zuallererst eine Wertegemeinschaft, in der die Achtung der Menschenrechte und der Grundfreiheiten, der Demokratie und der Rechtsstaatlichkeit, der Gleichstellung und der Nichtdiskriminierung zu den Werten gehören, denen „größte Wertschätzung entgegengebracht wird.[1] Das Grundprinzip - und somit auch die Tätigkeitsbereiche - der Gemeinschaft ist, Ungleichheiten zu beseitigen und die Gleichstellung von Männern und Frauen zu fördern (Art. 3 Abs. 2 EG).[2] Da Werte das Rechtssystem prägen, gibt es eine Reihe von Diskriminierungsverboten im Europäischen Recht.[3]

Bereits Mitte der achtziger Jahre war der Kampf gegen Diskriminierung, insbesondere die Bekämpfung gegen Rassismus und Fremdenfeindlichkeit, Thema auf europäischer Ebene. Die Gemeinschaft hatte jedoch lediglich Kompetenzen in Form von Erklärungen und Empfehlungen an die Mitgliedstaaten. Daher wurden, insbesondere vom Parlament, bindende Maßnahmen gefordert.[4] Mit dem Amsterdamer Vertrag 1997 wurde dann Art. 13 EGV ins europäische Primärrecht eingefügt, der den gemeinsamen Willen ausdrückt, Diskriminierungen aufgrund anderer Faktoren (Geschlecht, Rasse, ethnische Herkunft, Religion oder Weltanschauung, Behinderung, Alter oder sexuelle Ausrichtung) zu bekämpfen, also nicht nur Rahmenbedingungen zu schaffen, sondern aktiv dagegen vorzugehen. Somit gab es erstmals die Möglichkeit ohne Bindung an Vorgaben auf europäischer Ebene Rechtsvorschriften (Verordnungen und Richtlinien) mit dem Ziel der Bekämpfung von Diskriminierung wegen Behinderung, Rassismus und Fremdenfeindlichkeit zu erlassen.[5] Die Anti-Diskriminierungsrichtlinien, welche als Grundlage für die Diskriminierungsverbote im nationalen Recht in einzelnen europäischen Staaten dienen und auf die im Folgenden näher eingegangen wird, wurden auf Grundlage des Art. 13 des Vertrages über die Europäische Gemeinschaft (EG) erlassen.[6]

---

[1] vgl. Europäisches Parlament, http://www.europarl.europa.eu/sides/getDoc.do?language=DE&type=IM-PRESS&reference=20070420BRI05535&secondRef=ITEM-006-DE
[2] vgl. NomK/Däubler, Einleitung – Wirksamkeit und Auslegung der EG-Richtlinien, S. 50 Rn. 104
[3] vgl. Thüsing, Europäisches Arbeitsrecht, S. 67 – Nähere Angaben siehe Anlage 1
[4] vgl. Euler, Zulässigkeit der Frage nach einer Schwerbehinderung nach Einführung des Benachteiligungsverbots des § 81 Abs. 2 SGB IX, S. 91
[5] vgl. NomK/Däubler, Einleitung – Wirksamkeit und Auslegung der EG-Richtlinien, S. 51 Rn. 108Euler, Zulässigkeit der Frage nach einer Schwerbehinderung nach Einführung des Benachteiligungsverbots des §81 Abs. 2 SGB IX, S. 91
[6] vgl. Euler, Zulässigkeit der Frage nach einer Schwerbehinderung nach Einführung des Benachteiligungsverbots des §81 Abs. 2 SGB IX, S. 91

Diese Thematik ist äußerst umfangreich und daher soll im Folgenden lediglich ein Überblick anhand der Staaten Deutschland und Polen gegeben werden, inwieweit die vier Antidiskriminierungsrichtlinien in nationales Recht umgesetzt wurden. Dazu werden Vorab die elementaren Inhalte der einzelnen Richtlinien aufgeführt um dann den Stand einiger wesentlicher Kriterien bezüglich der Umsetzung als auch der noch vorhandenen Defizite aufzugreifen.

2. Die Richtlinien

Die Richtlinien fordern die Mitgliedstaaten auf, einen gesetzlichen Rahmen festzulegen um Diskriminierungen zu verbieten und dadurch den Gleichbehandlungsgrundsatz durchzusetzen.[7] Dabei ist zu beachten, dass diese die Gleichstellung und nicht die bloße Abwehr von Ungleichbehandlung fordern. Sie stellen einen Mindestmaß an Schutz dar und hindern die Mitgliedstaaten jedoch nicht daran, einen größeren Schutz vor Diskriminierung als den, der von den Richtlinien gefordert wird, zu bieten.[8] Bei der Umsetzung der Richtlinien durften die Mitgliedstaaten allerdings nicht das Schutzniveau verringern, das zuvor existierte.[9]

Es gibt eine Reihe diverser Richtlinien im Bereich der Diskriminierung[10], wobei die elementaren im Folgenden erörtert werden. Dabei ist der Schutz vor Diskriminierung in den Bereichen Beschäftigung und Beruf entsprechend den Richtlinienvorgaben der Schwerpunkt.[11] Die Richtlinien enthalten parallele Vorschriften, größtenteils sogar mit identischem Wortlaut[12] - insbesondere bei den Bestimmungen zur Definition des Begriffs „Diskriminierung", zum Anspruch auf Rechtsschutz, zur Aufteilung der Beweislast, positive Maßnahmen und den geforderten Gleichstellungseinrichtungen.[13]

Die wesentlichen Inhalte der Richtlinien sollen im Einzelnen kurz vorgestellt werden.

2.1. RL 2000/43/EG - Antirassismusrichtlinie[14]

Die Richtlinie 2000/43/EG vom 29. Juni 2000 zur Anwendung des Gleichbehandlungsgrundsatzes ohne Unterschied der Rasse oder der ethnischen Herkunft sollte bis zum 19.07.2003 umgesetzt werden. Dies ist die Richtlinie mit dem größten Anwen-

---

[7] vgl. Schiek, Europäisches Arbeitsrecht, S. 248
[8] vgl. Högenauer, Die europäischen Richtlinien gegen Diskriminierung im Arbeitsrecht, S. 67
[9] vgl. Högenauer, Die europäischen Richtlinien gegen Diskriminierung im Arbeitsrecht, S. 67 f.
[10] vgl. Thüsing, Europäisches Arbeitsrecht 2008, S. 67 ff.
[11] vgl. Europäische Kommission, Gleichbehandlung und Antidiskriminierung, Jahresbericht 2006, http://ec.europa.eu/employment_social/fundamental_rights/pdf/pubst/poldoc/annualrep06_de.pdf
[12] vgl. Högenauer, Die europäischen Richtlinien gegen Diskriminierung im Arbeitsrecht, S. 61
[13] vgl. Schiek, Europäisches Arbeitsrecht, S. 247 ff.
[14] vgl. Antidiskriminierungsstelle des Bundes, RL 2000/43/EG, http://eur-lex.europa.eu/LexUriServ/LexUriServ.do?uri=CELEX:32000L0043:DE:HTML

dungsbereich und den geringsten Ausnahmen.[15] Sie soll den Schutz vor Diskriminierung in den Bereichen Beschäftigung, Berufsbildung, soziale Sicherheit, Gesundheits-
dienste und Zugang zu Gütern und Dienstleistungen gewährleisten.

Sie enthält Defini-
tionen der Begriffe „unmittelbare Diskriminierung", „mittelbare Diskriminierung", „Belästigung" und „Viktimisierung" sowie die Gewährleistung des Anspruchs von Diskriminierungsopfern, ihre Rechte auf dem Gerichts- oder Verwaltungsweg geltend zu
machen und Vorschriften zur Verhängung angemessener Strafen gegen die Urheber
von Diskriminierung. Weiterhin bietet sie die Aufteilung der Beweislast zwischen Klä-
ger und Beklagtem in Zivil- und Verwaltungssachen, als auch die Forderung nach der
Einrichtung einer für die Förderung der Gleichbehandlung und für die unabhängige
Unterstützung von Opfern von Rassendiskriminierung zuständigen Stelle in jedem
Mitgliedstaat.

2.2. RL 2000/78/EG – Rahmenrichtlinie Beschäftigung und Beruf[16]

Die darauf folgende Richtlinie 2000/78/EG vom 27. November 2000 zur Festlegung
eines allgemeinen Rahmens für die Verwirklichung der Gleichbehandlung in Beschäftigung und Beruf ungeachtet der Religion oder Weltanschauung, einer Behinderung,
des Alters oder der sexuellen Identität sollte bis zum 02.12.2003 umgesetzt werden –
die Vorgaben bezüglich des Alters bis zum 02.12.2006. Die Bestimmungen zur Definition des „Diskriminierungsbegriffs", zum Anspruch auf Rechtsschutz und zur Aufteilung der Beweislast sind identisch mit denen der RL 2000/43/EG. Die Richtlinie enthält
die Verpflichtung für Arbeitgeber, angemessene Vorkehrungen zu treffen, um den Bedürfnissen von Menschen mit einer Behinderungen Rechnung zu tragen, welche die
für die Ausübung einer bestimmten Tätigkeit erforderliche Qualifikation besitzen. Sie
lässt jedoch auch eine begrenzte Anzahl von Ausnahmen vom Gleichbehandlungsgrundsatz, beispielsweise zur Wahrung des Ethos religiöser Organisationen oder mit
Blick auf die Durchführung zielgerichteter Maßnahmen zur Arbeitsmarkteingliederung
älterer oder jüngerer Arbeitskräfte, zu.

---

[15] vgl. NomK/Däubler, Einleitung – Wirksamkeit und Auslegung der EG-Richtlinien, S. 53 Rn. 112
[16] vgl. Antidiskriminierungsstelle des Bundes, RL 2000/78/EG, http://eur-
lex.europa.eu/LexUriServ/LexUriServ.do?uri=CELEX:32000L0078:DE:HTML

2.3. RL 2002/73/EG – „Gender-Richtlinie"[17]

Die Richtlinie 2002/73/EG vom 23. September 2002 zur Änderung der RL 76/207/EWG dient der Festlegung eines allgemeinen Rahmens für die Verwirklichung der Gleichbehandlung in Beschäftigung und Beruf bezüglich des Geschlechts und sollte bis zum 05.10.2005 umgesetzt werden. Die Bestimmungen zur Definition des Begriffs „Diskriminierung", zum Anspruch auf Rechtsschutz und zur Aufteilung der Beweislast sind identisch mit denen der RL 2000/43/EG und RL 2000/78/EG. Zusätzlich wurde jedoch auch die „sexuelle Belästigung" als Diskriminierung definiert. Die Richtlinie enthält die Verpflichtung für Arbeitgeber, angemessene Vorkehrungen zu treffen, um allen Diskriminierungsformen vorzubeugen und im Unternehmen „Betriebsprogramme über Gleichstellungsmaßnahmen" aufzulegen, die jedem Beschäftigten zugänglich sein müssen. Sie enthält gleichermaßen eine Erweiterung der Schutzrechte hinsichtlich der Sicherung des Anspruchs von Eltern – und zwar beider Elternteile – auf Rückkehr an ihren Arbeitsplatz im Anschluss an einen Elternurlaub.

2.4. RL 2004/113/EG – Gleichbehandlung Geschlecht bei Gütern und Dienstleistungen[18]

Die Richtlinie 2004/113/EG vom 13. Dezember 2004 zur Verwirklichung des Grundsatzes der Gleichbehandlung von Männern und Frauen beim Zugang zu und bei der Versorgung mit Gütern und Dienstleistungen hatte eine Umsetzungsfrist bis zum 21.12.2007. Auch hier sind die Bestimmungen zur Definition des Begriffs „Diskriminierung", zum Anspruch auf Rechtsschutz und zur Aufteilung der Beweislast identisch mit denen der RL 2000/43/EG. Die Richtlinie erweitert die „Genderrichtlinie" auf den zivilrechtlichen Bereich und enthält ein Diskriminierungsverbot im Bereich des Versicherungswesens und verwandter Dienstleistungen. Dieses Verbot zielt insbesondere auf unterschiedliche Prämien und Leistungen ab, vor allem im Zusammenhang mit Schwangerschaft und Mutterschaft. Auch hier gibt es jedoch Ausnahmen vom Gleichbehandlungsgrundsatz. So z. B. bei einer auf relevanten und genauen versicherungsmathematischen und statistischen Daten beruhenden Risikobewertung.

---

[17] vgl. Antidiskriminierungsstelle des Bundes, RL 2002/73/EG, http://eur-lex.europa.eu/LexUriServ/LexUriServ.do?uri=CELEX:32002L0073:DE:HTML
[18] vgl. Antidiskriminierungsstelle des Bundes, RL 2004/113/EG, http://eur-lex.europa.eu/LexUriServ/LexUriServ.do?uri=CELEX:32004L0113:DE:HTML

3. Die Umsetzung in nationales Recht

Die Bestimmungen der Richtlinien sind sehr umfangreich, daher werden lediglich einige wichtige Kernpunkte aufgegriffen.

Da die EU-Länder keine einheitlichen Datenerhebungen durchführen und sich Vergleiche so als schwierig, wenn nicht unmöglich, erweisen, ist es nicht einfach, sich ein eindeutiges Bild über bestehende Diskriminierung in Europa zu machen.[19] Einen Ansatz könnte die im Juli 2008 veröffentlichte europaweite Umfrage bezüglich der Wahrnehmung, den Erfahrungen und der Haltung der Bevölkerung hinsichtlich der Umsetzung der Diskriminierungsverbote ins jeweilige nationale Recht der Europäischen Kommission bieten. Dahingehend wurde die Bevölkerung z. B. befragt, ob die vorhandenen Maßnahmen im eigenen Mitgliedstaat reichen, Diskriminierung zu verhindern. So bejahten die Deutschen[20] dies zwar mit 53 % und lagen so knapp über dem EU-Durchschnitt von 47 %, Polen[21] lag mit 30 % jedoch weit unter dem Schnitt. Auch hinsichtlich des Meinungsbildes der Bevölkerung, ob sie Ihre Rechte kennen, wenn sie diskriminiert werden kam ein insgesamt inakzeptables Bild zum Vorschein. So lag Polen[22] diesbezüglich mit 36 % über dem EU-Durchschnitt von 33 %, Deutschland[23] sogar mit nur 26 % darunter. Allein diese Ergebnisse sind Anlass genug, die Umsetzung der Richtlinien etwas genauer unter die Lupe zu nehmen.

3.1. Umsetzung in Deutschland

Das Allgemeine Gleichbehandlungsgesetz, welches drei Jahre nach Ende der Übernahmefrist am 18. August 2006 in Kraft getreten ist, soll der Umsetzung der vier Antidiskriminierungsrichtlinien dienen. Der seit 1980 bestehende Schutz gegen Geschlechtsdiskriminierung des § 611a ff. BGB und der seit 1994 bestehende Schutz gegen sexuelle Belästigung des Beschäftigtenschutzgesetzes wurden im AGG in einem Gesetz zusammengefasst und ausgedehnt auf die Merkmale (angebliche) Rasse oder ethnische Herkunft, Religion oder Weltanschauung, Behinderung, Alter und se-

---

[19] vgl. European Commision, Gleichbehandlung nicht nur auf dem Papier, 29.09.2008, http://ec.europa.eu/news/justice/080929_1_de.htm
[20] vgl. Europäische Kommission, Eurobarometerumfrage 296 über Diskriminierung in der Europäischen Union - Wahrnehmung, Erfahrungen und Haltungen, Juli 2008, http://ec.europa.eu/employment_social/fundamental_rights/pdf/pubst/stud/csde_en.pdf
[21] vgl. Europäische Kommission, Eurobarometerumfrage 296 über Diskriminierung in der Europäischen Union - Wahrnehmung, Erfahrungen und Haltungen, Juli 2008, http://ec.europa.eu/employment_social/fundamental_rights/pdf/pubst/stud/cspl_en.pdf
[22] vgl. Europäische Kommission, Eurobarometerumfrage 296 über Diskriminierung in der Europäischen Union - Wahrnehmung, Erfahrungen und Haltungen, Juli 2008, http://ec.europa.eu/employment_social/fundamental_rights/pdf/pubst/stud/cspl_en.pdf
[23] vgl. Europäische Kommission, Eurobarometerumfrage 296 über Diskriminierung in der Europäischen Union - Wahrnehmung, Erfahrungen und Haltungen, Juli 2008, http://ec.europa.eu/employment_social/fundamental_rights/pdf/pubst/stud/csde_en.pdf

xuelle Identität. Dabei ist der Schutz vor Diskriminierung im Bereich Beschäftigung und Beruf entsprechend den Richtlinienvorgaben der Schwerpunkt des AGG.[24] Neben einem arbeitsrechtlichen Benachteiligungsverbot sowie seinen Ausnahmeregelungen werden Maßnahmen und Pflichten des Arbeitgebers zum Schutz vor Benachteiligungen sowie Rechte der Beschäftigten (Beschwerderecht, Leistungsverweigerungsrecht) und ihre Ansprüche bei Verstößen gegen das Benachteiligungsverbot (Entschädigung, Schadensersatz) geregelt. Die Begriffsbestimmungen zur Diskriminierung sind weitgehend wörtlich aus den Richtlinien übernommen worden[25] und werden daher nicht näher erörtert.

Schutz der Betroffenen

Erstmals ist nun eine Doppeldiskriminierung, z. B. wegen des Geschlechts und anderer Merkmale, rechtlich fassbar.[26] Eine Verbesserung ergibt sich auch durch die neue Legaldefinition von Diskriminierung und sexuelle Belästigung. Des Weiteren sind positive Maßnahmen nach § 5 AGG nun ausdrücklich gestattet.

Beweislast

In § 22 AGG wurde eine Beweislasterleichterung aufgenommen. Dies bedeutet, sofern ein/e Diskriminierte/r Indizien beweist, die eine Benachteiligung vermuten lassen, trägt die Gegenpartei die Beweislast.

Rechte der Beschäftigten / Entschädigungsmodalitäten

Beschäftigte i. S. d. § 6 AGG haben nach § 13 AGG ein Beschwerderecht bei der zuständigen Stelle im Betrieb/Unternehmen. Ebenso steht ihnen ein Leistungsverweigerungsrecht nach § 14 AGG zu, wenn der Arbeitgeber keine Maßnahmen zur Unterbindung einer (sexuellen) Belästigung ergreift. Weiterhin wird ihnen ein Schadensersatzanspruch bzw. Entschädigungsanspruch nach § 15 AGG zugesprochen. Bezüglich der Höhe des finanziellen oder materiellen Schadenersatzes gibt es keine Grenzen,[27] zudem können Schadensersatzleistungen bei Mehrfachdiskriminierung höher ausfallen.[28]

---

[24] vgl. Europäische Kommission, Gleichbehandlung und Antidiskriminierung, Jahresbericht 2006, http://ec.europa.eu/employment_social/fundamental_rights/pdf/pubst/poldoc/annualrep06_de.pdf
[25] vgl. Thüsing, Europäisches Arbeitsrecht, S. 75
[26] vgl. Albrecht, Raasch, Weber, djbZ 2/2008, S. 88
[27] vgl. Tobler, Rechtsbehelfe und Sanktionen im Antidiskriminierungsrecht der EG, S. 46
[28] vgl. Tobler, Rechtsbehelfe und Sanktionen im Antidiskriminierungsrecht der EG, S. 42

Gleichstellungseinrichtungen

Antidiskriminierungsverbände dürfen nach § 23 Abs. 3 AGG erstmals Rechtsangelegenheiten Diskriminierter besorgen.[29] Weiterhin wurde eine zentrale Antidiskriminierungsstelle des Bundes (ADS) geschaffen, welche auf unabhängige Weise benachteiligte Personen unterstützen soll (§ 25 ff. AGG).[30] Diese sind befugt, als Beistände von Klägern in der Verhandlung aufzutreten, sofern sie bestimmte Kriterien erfüllen, wie z. B. mindestens 75 Mitglieder zu haben, wenn eine Vertretung durch Anwälte nicht gesetzlich vorgeschrieben ist.[31] Auch haben Betriebsräte und im Betrieb vertretene Gewerkschaften haben nach § 17 Abs. 2 AGG ein Klagerecht gegen Arbeitgeber wenn dieser grob gegen die Vorschriften des AGG verstößt.[32]

Umsetzung im Zivilrecht

Im zivilrechtlichen Bereich verbieten §§ 19 Abs. 1 Nr. 2, 20 Abs. 2 AGG eine unterschiedliche Behandlung wegen des Geschlechts bei Prämien und Leistungen von Versicherungen, es sei denn die Ungleichbehandlung beruht auf einer mit relevanten und genauen versicherungsmathematischen und statistischen Daten belegten Risikobewertung.[33]

3.2. Umsetzung in Polen

Polen, welches Mitglied der EU seit dem 1.5.2004 ist, setzte die Richtlinien größtenteils schon vor dessen Beitritt um. Im Januar 2004 traten Änderungen in der wichtigsten Quelle des polnischen Arbeitsrechts, dem Arbeitsgesetzbuch vom 26. Juni 1974 (konsolidierte Fassung 2003)[34] und einer Reihe anderer bestehender Gesetze in Kraft, mit denen die Anforderungen der beiden Gleichbehandlungsrichtlinien (2000/43/EG und 2000/78/EG) im Beschäftigungsbereich erfüllt werden sollen.

Es wurde ein Diskriminierungsverbot / Gleichstellungsgebot für Arbeitnehmer aus Gründen des Geschlechts, des Alters, der Behinderung, der Rasse, der Religion, der Nationalität, den politischen Anschauungen, der Gewerkschaftszugehörigkeit, der ethnischen Abstammung, des Glaubens und der sexuellen Orientierung für Beschäftigungen für bestimmte oder unbestimmte Zeit, in voller oder unvoller Arbeitszeit gere-

---

[29] vgl. Albrecht, Raasch, Weber, djbZ 2/2008, S. 89
[30] Ebd.
[31] vgl. Bell, Chopin, Palmer, Entwicklung des Antidiskriminierungsrechts in Europa, S. 58
[32] vgl. Albrecht, Raasch, Weber, djbZ 2/2008, S. 89
[33] vgl. Albrecht, Raasch, Weber, djbZ 2/2008, S. 92
[34] vgl. European Commision http://ec.europa.eu/employment_social/fundamental_rights/legis/lgms_de.htm

gelt.[35] Damit liegen Polens Bestimmungen über den Anforderungen der Richtlinie bezüglich der Diskriminierungsmerkmale. Der Rechtschutz des Arbeitnehmers, Ansprüche wegen der Verletzung des Verbots der Diskriminierung bei der Beschäftigung gegen den Arbeitgeber geltend zu machen ist in Art. 18^{3d} ArbGB geregelt[36]. Überdies wurden Pflichten des Arbeitgebers geregelt in welchem er u. a. gehalten ist, Maßnahmen gegen Diskriminierungen zu ergreifen.[37] Auch hier sind die Begriffsbestimmungen zur Diskriminierung weitgehend aus den Richtlinien übernommen worden mit der zusätzlichen Aufnahme des „Mobbings". Teilweisen Schutz gegen Diskriminierung aufgrund der Rasse oder der ethnischen Herkunft in anderen Bereichen als der Beschäftigung bieten bereits eine Reihe geltender Rechtsvorschriften[38]

Schutz der Betroffenen

Arbeitgeber sind nach den neuen Änderungen des Arbeitsgesetzbuchs verpflichtet, den Beschäftigten die Bestimmungen über Gleichbehandlung in Beschäftigung und Beruf in Form einer im Betrieb verteilten schriftlichen Unterlage zugänglich zu machen. Die Durchsetzung der Arbeitgeberpflicht wird in Polen von der Nationalen Arbeitsaufsichtsbehörde gesteuert.[39]

Auch wurde ein expliziter Vorrang des Diskriminierungsverbotes ins ArbGB aufgenommen. So wird ausdrücklich auf die Unwirksamkeit von Bestimmungen in Tarifverträgen, Gruppenvereinbarungen, Arbeitsverträgen und Bestimmungen des Arbeitsrechts hingewiesen, sofern diese gegen das Benachteiligungsverbot verstoßen.[40] Überdies wurde gar eine „salvatorische Klausel" ins ArbGB aufgenommen welche besagt, dass unwirksame Bestimmungen in Arbeitsverträgen und anderer Rechtsakte, die eine Grundlage für die Entstehung des Arbeitsverhältnisses bilden, durch entsprechende Vorschriften des Arbeitsrechts zu ersetzen sind. Bei Fehlen solcher Vorschriften sind die diskriminierenden Bestimmungen gar durch entsprechende Bestimmungen ohne diskriminierenden Charakter zu ersetzen.[41]

---

[35] vgl. Major, Polnisches Arbeitsgesetzbuch, S. XIII
[36] vgl. Major, Polnisches Arbeitsgesetzbuch, S. XV
[37] vgl. Major, Polnisches Arbeitsgesetzbuch, S. XXI
[38] vgl. Informationskampagne „Für Vielfalt. Gegen Diskriminierung." http://www.stop-discrimination.info/2867.0.html
[39] vgl. Bell, Chopin, Palmer, Entwicklung des Antidiskriminierungsrechts in Europa, S. 75; Informationskampagne „Für Vielfalt. Gegen Diskriminierung." http://www.stop-discrimination.info/2867.0.html#1282
[40] vgl. Major, Polnisches Arbeitsgesetzbuch, S. XIII; Bell, Chopin, Palmer, Entwicklung des Antidiskriminierungsrechts in Europa, S. 78
[41] Ebd.

Beweislast

In Polen existiert eine Beweislastumkehr. Dies bedeutet, dass in den Fällen, in denen der Grundsatz der Gleichbehandlung verletzt zu sein scheint, der Arbeitgeber nachzuweisen hat, dass „rechtmäßige und sachliche" Gründe für sein Handeln bestehen.[42]

Rechte der Beschäftigten / Entschädigungsmodalitäten

Die Obergrenze für den Schadensersatz in Geld oder bei Entschädigung eines immateriellen Schadens zu Gunsten von Diskriminierungsopfern wurde aufgehoben. Zuvor lag diese beim Sechsfachen des Mindestlohns. Weiterhin gibt es eine Mindestgrenze für Entschädigungen, die an den Mindestlohn geknüpft ist.[43]

Zudem wurde ein spezifischer Rechtsbehelf eingeführt, welcher Diskriminierungsopfer im Rahmen einer so genannten Schadenersatzklage (Art. 183d ArbGB) dazu berechtigt, Gerichtsverfahren einzuleiten und Schadenersatz zu verlangen. Mit diesem spezifischen Rechtsbehelf sollen allgemeinere Rechtsbehelfe wie jene des Art. 415 des Zivilrechts (allgemeine Schadenersatzklausel) umgangen werden, können jedoch auch weiterhin benutzt werden.[44]

Gleichstellungseinrichtungen

Es wurde eine neue Abteilung für Frauen, Familie und Bekämpfung von Diskriminierung im Ministerium für Arbeit und Sozialpolitik eingerichtet.[45]

Zur Unterstützung können auch Gewerkschaften und gemeinnützige soziale Organisationen eine Klage oder Beschwerde im Namen von Diskriminierungsopfern einreichen oder derartigen Verfahren nach dem Arbeitsrecht und Verwaltungsverfahren beitreten. Sie können gleichermaßen als Sachverständige auftreten und dem Gericht ihre Stellungnahme vorlegen.[46]

Umsetzung im Zivilrecht

Polen regelt Diskriminierungen außerhalb des Beschäftigungsbereichs hauptsächlich durch allgemeine Verfassungsbestimmungen. Die Verfassung enthält eine Gleichbehandlungsklausel für den Zugang zur Gesundheitsfürsorge, die insbesondere für Kin-

---

[42] vgl. Informationskampagne „Für Vielfalt. Gegen Diskriminierung." http://www.stop-discrimination.info/2867.0.html#1282
[43] vgl. Bell, Chopin, Palmer, Entwicklung des Antidiskriminierungsrechts in Europa, S. 64;
[44] vgl. Bell, Chopin, Palmer, Entwicklung des Antidiskriminierungsrechts in Europa, S. 55
[45] vgl. Europäische Kommission, Gleichbehandlung und Antidiskriminierung Jahresbericht 2006, S. 16 http://ec.europa.eu/employment_social/fundamental_rights/pdf/pubst/poldoc/annualrep06_de.pdf
[46] vgl. Bell, Chopin, Palmer, Entwicklung des Antidiskriminierungsrechts in Europa, S. 58, 64; Tobler, Rechtsbehelfe und Sanktionen im Antidiskriminierungsrecht der EG, S. 46

der, Schwangere, Behinderte, Personen mit mentalen Erkrankungen und ältere Personen besondere Gesundheitsleistungen vorsehen und gewährleistet das Recht auf Bildung ohne Diskriminierung.[47] Außerdem kommen völkerrechtliche Verträge wie der internationale Pakt über bürgerliche und politische Rechte, der internationale Pakt über wirtschaftliche, soziale und kulturelle Rechte, das internationale Übereinkommen zur Beseitigung jeder Form von Rassendiskriminierung, das Übereinkommen zur Beseitigung jeder Form von Diskriminierung der Frau und die Europäischen Menschenrechtskonvention im polnischen Recht direkt zur Anwendung.[48] Diskriminierungen aufgrund des Geschlechts, des Personenstands und des Familienstands sind bei der sozialen Sicherheit gesetzlich geregelt, während das Gesetz zur Sozialhilfe Diskriminierungen ohne Angabe eines besonderen Grundes verbietet.[49] Weiterhin verpflichtet die Verfassung die Behörden dazu, Maßnahmen zu ergreifen, um den Bedürfnissen der Bürger in Bezug auf Wohnraum nachzukommen.[50]

4. Defizite bei der Umsetzung

Trotz all dieser, dem ersten Anschein nach, richtlinienkonformen Umsetzungen, ergeben sich bei näherer Betrachtung noch Defizite bei der Umsetzung. Dieser Aspekt soll im folgenden Kapitel punktuell beleuchtet werden.

4.1. Defizite in Deutschland

In Deutschland wurden die Vorgaben der EU-Antidiskriminierungsrichtlinien teilweise mehr als gemusst, teilweise jedoch auch nur unzureichend umgesetzt. So verbieten alle vier Richtlinien eine „Absenkung des von den Mitgliedstaaten bereits garantieren Schutzniveaus in Bezug auf Diskriminierungen",[51] dies wurde jedoch teilweise nicht beachtet.

Schutz der Betroffenen
So erstreckte sich z. B. der Diskriminierungsschutz des § 611a Abs. 1 S. 1 BGB ausdrücklich auf Kündigungen, nach § 2 Abs. 4 AGG gelten nun ausschließlich die Be-

---

[47] vgl. McColgan, Niessen, Palmer, Vergleich der einzelstaatlichen Rechtsvorschriften zur Bekämpfung von Diskriminierung außerhalb von Beschäftigung und Beruf, S. 25
[48] vgl. McColgan, Niessen, Palmer, Vergleich der einzelstaatlichen Rechtsvorschriften zur Bekämpfung von Diskriminierung außerhalb von Beschäftigung und Beruf, S. 26
[49] Ebd.
[50] Ebd.
[51] vgl. ABI. L 180/22 vom 29.06.2000, S. 3

stimmungen zum allgemeinen und besonderen Kündigungsschutz.[52] Eine weitere Verschlechterung ist auch im Bereich der Lohndiskriminierung zu sehen. Diese war nach § 612 Abs. 3 BGB ausdrücklich verboten, im AGG wird dies nur noch im Ausnahmetatbestand des § 8 Abs. 2 AGG beiläufig erwähnt – es existiert kein striktes Entgeltdiskriminierungsverbot mehr und demnach auch kein Anspruch auf gleiche Entlohnung bei gleichwertiger Arbeit.[53] Auch die Herabsenkung des Maßstabes bezüglich der unterschiedlichen Behandlung wegen des Geschlechts gibt zu denken. So war eine Unterschiedliche Behandlung wegen des Geschlechts nach § 611a Abs. 1 S. 2 BGB nur zulässig, wenn ein bestimmtes Geschlecht „unverzichtbare Voraussetzung" für die Tätigkeit war. § 8 Abs. 1 AGG fordert nur, dass ein bestimmtes Geschlecht eine „wesentliche und entscheidende berufliche Anforderung" darstellen muss.[54] Dies stellt wörtlich genommen eine Herabsenkung des Maßstabes dar. Da Frauen auch mehrheitlich in Klein- und Mittelbetrieben beschäftigt sind, in denen der gewerkschaftliche Organisationsgrad und das Vorhandensein eines Betriebsrates traditionell schlecht sind, fehlt dort der Schutz bezüglich deren Klagerechte. Des Weiteren scheint die betriebliche Altersversorgung in § 2 Abs. 2 S. 2 AGG vom Geltungsbereich ausgenommen zu sein.[55] Überdies ist die Umsetzung hinsichtlich Art. 5 RL 2000/78/EG unvollkommen, denn § 81 Abs. 4 SGB IX bezieht sich nur auf Schwerbehinderte, nicht auf Behinderte insgesamt.[56]

Beweislast

Die Beweislastanforderungen haben sich mit der Einführung des AGG erhöht, da § 611a Abs. 1 S. 3 BGB nur die Glaubhaftmachung von Tatsachen die eine Geschlechtsdiskriminierung vermuten lassen forderte, nach § 22 AGG muss ein/e Diskriminierte/r „Indizien beweisen" die Geschlechtsdiskriminierung vermuten lassen.[57]

Rechte der Beschäftigten / Entschädigungsmodalitäten

Schutz soll die Individualklage bieten. Dieser Weg hat sich jedoch bereits in der Vergangenheit nicht bewährt.[58] Auch lag die Frist zur Geltendmachung von Entschädigungsansprüchen nach § 611a Abs. 4 S. 2 BGB bei mindestens zwei Monaten, nach

---

[52] vgl. Albrecht, Raasch, Weber, djbZ 2/2008, S. 88
[53] vgl. Albrecht, Raasch, Weber, djbZ 2/2008, S. 88, 91
[54] vgl. Albrecht, Raasch, Weber, djbZ 2/2008, S. 88
[55] vgl. Thüsing, Europäisches Arbeitsrecht, S. 128
[56] Ebd.
[57] vgl. Albrecht, Raasch, Weber, djbZ 2/2008, S. 89
[58] vgl. Albrecht, Raasch, Weber, djbZ 2/2008, S. 88

§ 15 Abs. 4 AGG bleiben nur noch zwei Monate, sofern nicht eine tarifvertragliche Regelung besteht.[59] Ein weiteres Manko stellt auch die Haftung des Arbeitgebers dar. Nach § 611a BGB haftete dieser ohne Verschulden, nach § 15 Abs. 1 S. 2 AGG trifft diesen ohne Verschulden lediglich eine Entschädigung, Schadensersatz hat er nur bei Vorsatz oder Fahrlässigkeit („zu vertreten") zu leisten. Bei kollektivrechtlichen Vereinbarungen ist der Arbeitgeber sogar nur bei Vorsatz und grober Fahrlässigkeit haftbar.[60]

Gleichstellungseinrichtungen

Nach wie vor existiert kein Verbandsklagerecht und auch keine Klageführung in Prozessstandschaft für Antidiskriminierungsverbände. Nach § 23 Abs. 2 AGG wird ihnen lediglich das Recht als Beistand vor Gerichten in Instanzen ohne Anwaltszwang aufzutreten zugesprochen, sofern bestimmte Kriterien (wie z. B. mindestens 75 Mitglieder zu haben) erfüllt sind. Dies Recht hat jedoch auch jeder Privatmensch.[61] Ebenso ist die Antidiskriminierungsstelle des Bundes bundesweit nur mit 20 Stellen und einem Etat von 2,7 Mio EUR (2007) ausgestattet[62] – dies ist eindeutig zu wenig. Auch existiert eine solche Einrichtung bislang nicht auf Landesebene.[63]

Zudem hat die ADS hat keinen Auskunftsanspruch (Ausnahme: bei Bundesbehörden), sie kann nach § 28 Abs. 1 AGG nur „um Stellungnahmen ersuchen".[64] Auch Betriebsräte und im Betrieb vertretene Gewerkschaften dürfen Ansprüche von Diskriminierten nicht einklagen und das eingeräumte Klagerecht bei groben Verstößen des Arbeitgebers kann aufgrund der umfangreichen anderen Aufgaben ein flächendeckendes Vorgehen gegen Diskriminierung nicht gewährleisten.[65]

Umsetzung im Zivilrecht

Hier wird neben einem zivilrechtlichen Benachteiligungsverbot aus Gründen der Rasse oder wegen der ethnischen Herkunft auch ein geschlechtsspezifisches Benachteiligungsverbot verankert. Dieses erstreckt sich aber entsprechend den europarechtlichen Vorgaben nur auf Massengeschäfte und privatrechtliche Versicherungen. Dabei ist zu bemängeln, dass das AGG im Versicherungsbereich bislang noch gar nicht ge-

---

[59] Ebd.
[60] vgl. Albrecht, Raasch, Weber, djbZ 2/2008, S. 89
[61] vgl. Albrecht, Raasch, Weber, djbZ 2/2008, S. 88 f.
[62] vgl. Albrecht, Raasch, Weber, djbZ 2/2008, S. 89
[63] Ebd.
[64] Ebd.
[65] Ebd.

griffen hat, denn Frauen zahlen z. B. noch immer höhere Beiträge bei privaten Renten- und Krankenversicherungen als Männer.[66] Drastisch ist ebenfalls das fehlende Transparenzgebot für Versicherer bei der Prämiengestaltung um die Einhaltung des Diskriminierungsverbotes sicher zu stellen.[67]

Es gibt auch gewisse Bedenken darüber, dass nach deutschem Recht die Bereitstellung von Waren und Dienstleistungen vom materiellen Geltungsbereich ausgenommen ist, für alle Transaktionen, die mit einer gewissen Vertrauensbeziehung und Nähe zwischen den Parteien oder ihrer Familie einhergehen, wie etwa das Vermieten von Wohnungen.[68]

4.2. Defizite in Polen

Auch Polen hat die Vorgaben der EU-Antidiskriminierungsrichtlinien teilweise mehr als gemusst, teilweise jedoch auch nur unzureichend umgesetzt. Anlass zur Sorge geben einige Zeichen des Rückschritts, insbesondere die Abschaffung der spezialisierten Gleichbehandlungsstelle in Polen und die Situation im Zusammenhang mit der Diskriminierung aufgrund der sexuellen Orientierung in diesem Land.[69]

Schutz der Betroffenen

Wichtige Rechtsvorschriften, vor allem bezüglich des Geltungsbereichs der Richtlinie zur Gleichbehandlung ohne Unterschied der Rasse außerhalb des Beschäftigungsbereiches (Artikel 3 Absatz 1 Buchstabe e bis h), fehlen.[70] So verpflichtet die Richtlinie zur Gleichbehandlung in Beschäftigung und Beruf die Arbeitgeber dazu, „angemessene Vorkehrungen", z.B. um Menschen mit einer Behinderung Zugang zu Beschäftigung zu ermöglichen, zu treffen. Dies ist in den nationalen Rechtsvorschriften jedoch nicht enthalten.[71] Auch der Schutz vor Viktimisierung wird auf Situationen im Beschäftigungsbereich beschränkt, wodurch in Bereichen, die unter die Richtlinie zur Gleichbehandlung ohne Unterschied der Rasse fallen, kein Schutz vor Viktimisierung besteht.[72]

Mangelhaft ist in Polen auch, dass es nur wenig gesetzliche Kontrolle über Diskriminierung aufgrund einer Behinderung außerhalb des Beschäftigungsbereiches gibt,

---

[66] vgl. Albrecht, Raasch, Weber, djbZ 2/2008, S. 88
[67] vgl. Albrecht, Raasch, Weber, djbZ 2/2008, S. 92
[68] vgl. Bell, Chopin, Palmer, Entwicklung des Antidiskriminierungsrechts in Europa, S. 39
[69] vgl. Bell, Chopin, Palmer, Entwicklung des Antidiskriminierungsrechts in Europa, S. 82
[70] vgl. Bell, Chopin, Palmer, Entwicklung des Antidiskriminierungsrechts in Europa, S. 10
[71] vgl. Bell, Chopin, Palmer, Entwicklung des Antidiskriminierungsrechts in Europa, S. 31
[72] vgl. Bell, Chopin, Palmer, Entwicklung des Antidiskriminierungsrechts in Europa, S. 61 f.

obwohl Polens Verfassung spezifische Bestimmungen über die Rechte von Personen mit Behinderung enthält.[73]

Beweislast

Bezüglich der Beweislast ist zu bemängeln, dass es zwar eine Beweislastverschiebung gibt, diese sich jedoch nur in Fällen im Zusammenhang mit einer Beschäftigung verschiebt – andere Bereiche sind von dieser Regelung ausgenommen.[74]

Gleichstellungseinrichtungen

Die konservative Regierung gibt Anlass zur Besorgnis, da im November 2005 das Amt der Gleichstellungsbeauftragten komplett abgeschafft wurde. Dies begründete sich in einem Streit wegen ihres Eintretens für Schwangerschaftsabbruch und gegen Diskriminierung von Homosexualität.[75] Die Aufgaben wurden dann zwar im Dezember 2005 im Ministerium für Arbeit und Sozialpolitik integriert, diese Aktion lässt jedoch Besorgnis bezüglich des Denkens der Regierung aufkommen.

Umsetzung im Zivilrecht

Es muss noch immer die Richtlinie zur Gleichbehandlung ohne Unterschied der Rasse in den Bereichen außerhalb der Beschäftigung umgesetzt werden.[76] So gibt es keine Definition von Diskriminierung außerhalb des Beschäftigungskontextes[77] und auch noch keine speziellen Vorschriften zur Bekämpfung von Diskriminierungen bei der Versorgung mit Wohnraum.[78] Ebenso herrscht nach wie von eine enorme Diskriminierung von Roma, vor allem auch in einigen allgemeinen Schulen. Dort gibt es mehrere getrennte „Roma-Klassen" oder Sonderklassen mit einem speziellen Lehrplan. Das ursprüngliche Ziel dieser Klassen bestand darin, den Kindern drei Jahre lang Polnischunterricht zu geben, um ihnen zu ermöglichen, dem normalen Lehrplan zu folgen. In der Praxis wurden jedoch alle Roma-Schüler ungeachtet ihrer Sprachkenntnisse diesen Klassen zugeordnet.

---

[73] vgl. Tobler, Christa, Rechtsbehelfe und Sanktionen im Antidiskriminierungsrecht der EG, S. 5
[74] vgl. Bell, Chopin, Palmer, Entwicklung des Antidiskriminierungsrechts in Europa, S. 60
[75] vgl. Klein, Geschlechterverhältnisse und Gleichstellungspolitik in der Europäischen Union, S. 213; Bell, Chopin, Palmer, Entwicklung des Antidiskriminierungsrechts in Europa, S. 17, 60, 68
[76] vgl. Bell, Chopin, Palmer, Entwicklung des Antidiskriminierungsrechts in Europa, S. 7
[77] vgl. Bell, Chopin, Palmer, Entwicklung des Antidiskriminierungsrechts in Europa, S. 37, Tobler, Christa, Rechtsbehelfe und Sanktionen im Antidiskriminierungsrecht der EG, S. 5
[78] vgl. McColgan, Niessen, Palmer, Vergleich der einzelstaatlichen Rechtsvorschriften zur Bekämpfung von Diskriminierung außerhalb von Beschäftigung und Beruf, S. 26

Polen regelt Diskriminierungen außerhalb des Beschäftigungsbereiches hauptsächlich durch allgemeine Verfassungsbestimmungen, von denen einige nur für polnische Staatsbürger gelten und bereichsspezifische Bestimmungen, in denen Rechte auf soziale Sicherheit, Gesundheitsfürsorge usw. zuerkannt werden. Theoretisch sind diese Bestimmungen gegen den Staat direkt durchsetzbar, aber in der Praxis wird sich selten direkt auf Verfassungsbestimmungen berufen.[79]

5. Fazit

Der Schutz vor Diskriminierung hat sich seit der Einführung des Art. 13 EGV deutlich verbessert. So wird erstmalig das Zivilrecht einbezogen und erfreulich ist auch, dass bereits im Mai 2005 zum ersten Mal in der Geschichte Polens eine polnische Managerin wegen der Diskriminierung von Männern verurteilt wurde und 3.000 Zloty zahlen musste, da sie einen männlichen Diplomanten nicht als Laboranten einstellen wollte mit der Begründung, "Kerle sind ungeduldig und ungeschickt, das ist wissenschaftlich bewiesen".[80]

Dies ist jedoch noch nicht gut genug, da es in der Praxis bislang kaum Veränderungen gab. Die Richtlinien sind teilweise nicht ausreichend umgesetzt und bedenklich ist vor allem auch die Absenkung des Maßstabes des Schutzniveaus in Deutschland.

Die Defizite mögen teilweise auch in den noch unzureichenden Richtlinien selbst liegen. So müsste der Schutz stärker auf Verbände oder öffentliche Einrichtungen verlagert werden um (Geschlechts-)Diskriminierungen wirksam bekämpfen zu können. Weiterhin bedarf es einer allgemeinen Beweislastumkehr statt einer Beweislasterleichterung. Diskutiert wird auch die verschuldensunabhängige Leistung von Schadensersatz und Entschädigung, einem Stellenanspruch bei Bestplazierten – welches ich jedoch für praxisfern erachte – und mehr Möglichkeiten für Antidiskriminierungsstellen und –verbänden unabhängig von der Klagebereitschaft einzelner Benachteiligter, notfalls über den Rechtsweg.

Vor allem aber kann der Schutz vor Diskriminierung nicht allein mittels Gesetzgebung erfolgen. Wie eingangs bereits erwähnt prägen die Werte eines Landes die Gesetzge-

---

[79] vgl. McColgan, Niessen, Palmer, Vergleich der einzelstaatlichen Rechtsvorschriften zur Bekämpfung von Diskriminierung außerhalb von Beschäftigung und Beruf, S. 25
[80] vgl. LinksNet, http://www.linksnet.de/de/artikel/18959

bung. Dies sieht man klar daran, dass Polen ein Gesetz, das „homosexuelle Propaganda" unter Strafe stellt verabschieden wollte und die polnische Kinderbeauftragte erklärte, dass sie eine Liste der Arbeitsplätze vorbereite, die für Homosexuelle ungeeignet seien.[81] Der Ansatz sollte zu allererst darin liegen, einen „Wertewandel" zu bewirken. Erst durch eine offene und tolerante Sicht kann Diskriminierungen wirksam begegnet werden. Ansätze wie beispielsweise 2007 das „Europäische Jahr der Chancengleichheit für alle" zeigen, dass die Europäische Kommission auch auf diesem Gebiet aktiv ist und wir uns auf einem guten Weg bewegen.

---

[81] B vgl. ell, Chopin, Palmer, Entwicklung des Antidiskriminierungsrechts in Europa, S. 22; Europäisches Parlament, http://www.europarl.europa.eu/sides/getDoc.do?language=DE&type=IM-PRESS&reference=20070420BRI05535&secondRef=ITEM-006-DE

6. Anlagen

6.1. Anlage 1

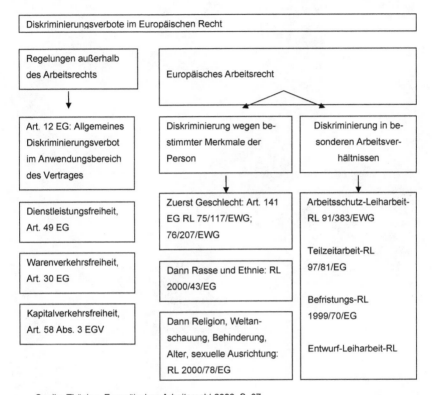

Diskriminierungsverbote im Europäischen Recht

Regelungen außerhalb des Arbeitsrechts

Europäisches Arbeitsrecht

Art. 12 EG: Allgemeines Diskriminierungsverbot im Anwendungsbereich des Vertrages

Diskriminierung wegen bestimmter Merkmale der Person

Diskriminierung in besonderen Arbeitsverhältnissen

Dienstleistungsfreiheit, Art. 49 EG

Zuerst Geschlecht: Art. 141 EG RL 75/117/EWG; 76/207/EWG

Arbeitsschutz-Leiharbeit-RL 91/383/EWG

Teilzeitarbeit-RL 97/81/EG

Warenverkehrsfreiheit, Art. 30 EG

Dann Rasse und Ethnie: RL 2000/43/EG

Befristungs-RL 1999/70/EG

Kapitalverkehrsfreiheit, Art. 58 Abs. 3 EGV

Dann Religion, Weltanschauung, Behinderung, Alter, sexuelle Ausrichtung: RL 2000/78/EG

Entwurf-Leiharbeit-RL

Quelle: Thüsing, Europäisches Arbeitsrecht 2008, S. 67

6.2. Anlage 2

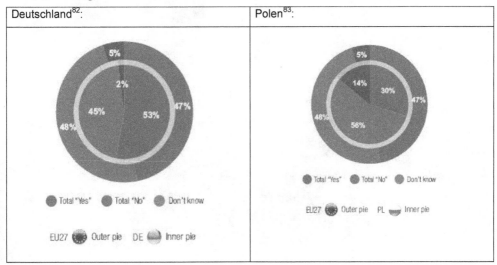

6.3. Anlage 3

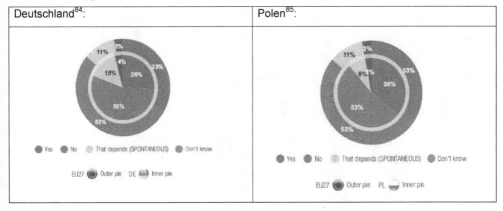

---

[82] Europäische Kommission, Eurobarometerumfrage 296 über Diskriminierung in der Europäischen Union - Wahrnehmung, Erfahrungen und Haltungen, Juli 2008,
http://ec.europa.eu/employment_social/fundamental_rights/pdf/pubst/stud/csde_en.pdf
[83] Europäische Kommission, Eurobarometerumfrage 296 über Diskriminierung in der Europäischen Union - Wahrnehmung, Erfahrungen und Haltungen, Juli 2008,
http://ec.europa.eu/employment_social/fundamental_rights/pdf/pubst/stud/cspl_en.pdf
[84] Europäische Kommission, Eurobarometerumfrage 296 über Diskriminierung in der Europäischen Union - Wahrnehmung, Erfahrungen und Haltungen, Juli 2008,
http://ec.europa.eu/employment_social/fundamental_rights/pdf/pubst/stud/csde_en.pdf
[85] Europäische Kommission, Eurobarometerumfrage 296 über Diskriminierung in der Europäischen Union - Wahrnehmung, Erfahrungen und Haltungen, Juli 2008,
http://ec.europa.eu/employment_social/fundamental_rights/pdf/pubst/stud/cspl_en.pdf

Literaturverzeichnis

> **Albrecht, Frauke; Raasch Sibylle; Weber, Ingrid**
> AGG bietet unzureichenden Schutz vor Geschlechtsdiskriminierung, Gesetz
> weiterhin gefordert
> djbZ 2/2008, S. 88 ff.

> **Bell, Mark; Chopin, Isabelle; Palmer, Fiona**
> Entwicklung des Antidiskriminierungsrechts in Europa – Ein Vergleich in den
> 25 EU Mitgliedsstaaten
> Europäische Kommission, Generaldirektion Beschäftigung, Soziales und
> Chancengleichheit, Referat G.2, Bericht Juli 2007
> Luxemburg, 2008

> **Däubler Wolfgang; Bertzbach Martin**
> Handkommentar Allgemeines Gleichbehandlungsgesetz
> (zit.: NomK/Bearbeiter)
> 2. Auflage
> Nomos, Baden-Baden 2008

> **Euler, Anja**
> Zulässigkeit der Frage nach einer Schwerbehinderung nach Einführung des
> Benachteiligungsverbots des § 81 Abs. 2 SGB IX
> Lit-Verlag, 2004

> **Högenauer, Nikolaus**
> Die europäischen Richtlinien gegen Diskriminierung im Arbeitsrecht
> Verlag Dr. Kovac, Hamburg 2002

> **Klein, Uta**
> Geschlechterverhältnisse und Gleichstellungspolitik in der Europäischen
> Union
> VS Verlag für Sozialwissenschaften, Wiesbaden 2006

- **Major, Tomasz**

  Polski Kodeks pracy Polnisches Arbeitsgesetzbuch

  2. Auflage

  Wydawnictwo C.H. Beck, Warszawa 2006

- **McColgan, Aileen; Niessen, Jan; Palmer, Fiona**

  Vergleich der einzelstaatlichen Rechtsvorschriften zur Bekämpfung von Diskriminierung außerhalb von Beschäftigung und Beruf

  Europäische Kommission, Bericht Dezember 2006

  Utrecht, Brüssel 2006

- **Schiek, Dagmar**

  Europäisches Arbeitsrecht

  3. Auflage

  Nomos, Baden-Baden 2007

- **Thüsing, Gregor**

  Europäisches Arbeitsrecht

  Beck, München 2008

- **Tobler, Christa**

  Rechtsbehelfe und Sanktionen im Antidiskriminierungsrecht der EG

  Europäische Kommission, Generaldirektion Beschäftigung, Soziales und Chancengleichheit, Referat D3, Bericht Juni 2005

  Luxemburg, 2005